Material, Tipps & Tricks

Farben:

Window-Color Glasmalfarben. Diese Farbe wird auf spezielle Folie gemalt und kann dann von der Folie wieder abgezogen werden. Die Bilder haften dann von selbst auf allen glatten Flächen. Tragen Sie die Farbe reichlich auf. Das Konturenmittel nicht zu dünn, die Bilder können sonst beim Abziehen reißen.

Folien:

Spezialfolie: Die Farbe wird aufgetragen und kann nach dem Trocknen wieder abgezogen werden.

Haftfolie: Hier wird die Farbe aufgemalt und kann nicht wieder abgelöst werden. Das Bild wird mit der Folie ausgeschnitten und haftet dann am Fenster. Geeignet für filigrane Teile oder große Bilder.

Mobilefolie: Auch von der Mobilefolie kann die Farbe nicht wieder abgelöst werden. Es gibt verschiedene Stärken. Wir benutzen immer 0,4mm. Das fertige Bild wird mit der Schere ausgeschnitten und für Mobiles oder stabilere Teile benutzt.

Konturen: Es gibt für feine Konturen Fläschchen mit Düsen zum Aufsetzen. Oder für Leute die sehr viel malen einen elektrischen Konturenliner mit dem man sehr leicht ganz saubere, gleichmäßige Konturen malen kann.

Flimmer & Transparentkügelchen: Werden in die noch feuchte Farbe gestreut.

Zahnstocher: Man braucht sie um lästige Bläschen zu zerstechen.

Vorsicht: Bei extremer Hitze oder Kälte können die Bilder beim Abnehmen vom Fenster kaputt gehen. Wir empfehlen deshalb immer Haftfolie zu verwenden.

So geht's

Legen Sie Ihre Motivvorlage unter die Folie. Die Vorlage etwas befestigen damit Sie nicht so leicht verrutschen kann.

Nun die Konturenflasche knapp über die Folie halten und die Kontur mit gleichmäßigen Druck herauslaufen lassen. Die Kontur muss überall geschlossen sein und darf keine Bläschen haben. Falls doch, mit einem Zahnstocher zerstechen und ausbessern.

Nach dem Trocknen der Kontur (ca.3 Std.) können die einzelnen Felder mit Farbe ausgefüllt werden. Die Farbe sehr dick auftragen und bis an den Rand malen. Blasen zerstechen und event. Flimmer einstreuen. Nach einer Trockenzeit von mind. 24 Std. kann das fertige Bild am Fenster angebracht werden.

Der Zaubertrank

Kontur: Schwarz, Weiß

Farben: Haut, Rosé, Orange, Reseda, Gelb, Siena, Schwarz Arktis, Weiß, Grau, Bernstein, Nougat, Rot, Frost, Lila

Material: Perlmutt-Flimmer, Hologramm-Flitter Grün-Pastell u. -Sterne Silber

Motivgröße: 42x42 cm

Krähenfeder, Spinnenbein
Alles in den Topf hinein
Brodeln muss der grüne Schleim
Klebrig sein wie dicker Leim
In der Luft liegt ein Gestank
Fertig ist der Zaubertrank!

Alle Hexen fliegen hooooch!

Kontur: Schwarz

Farben: Haut, Rosé, Reseda, Orange, Rot, Schwarz, Weiß, Lila Dunkelpink (Fuchsia), Hell- u. Dunkelbraun, Bernstein Gelb, Silber

Material: Haftfolie, Hologramm-Flitter
- Silber
- Blau- Pastell
- Sterne Gold

Motivgrößen: 24x24, 33x23 22x38, 39x16 cm

Kommt, Schwestern, lasst uns
auf dien Besen steigen
Wir bilden einen wilden Reigen.
In der Luft da wird getanzt
Glaube mir dass Du das kannst.
Weit oben im Himmel
da sieht man uns noch
Denn alle Hexen fliegen hooooch!

Hexenlabor

Kontur: Schwarz, Weiß

Farben: Weiß, Tannengrün, Gelb, Dunkelpink, Lila, Reseda, Schwarz
Silber, Arktis. Ocean, Rot, Eisblau, Ultramarin, Glitzergold
Rosé, Frost, Bernstein, Nougat, Grau, Bordeaux

Material: Haftfolie, Perlmuttflimmer
Hologramm-Flitter Gelb-, Rot-, Blau- Pastell

Motivgröße: 38x28 cm

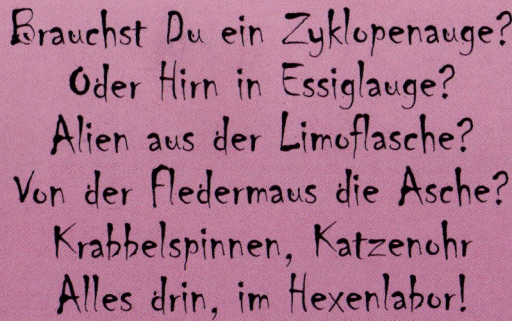

Brauchst Du ein Zyklopenauge?
Oder Hirn in Essiglauge?
Alien aus der Limoflasche?
Von der Fledermaus die Asche?
Krabbelspinnen, Katzenohr
Alles drin, im Hexenlabor!

Milla spinnt!

Kontur: Schwarz

Farben: Haut, Weiß, Schwarz, Royalblau, Lila, Rosé, Rot, Gelb Ocean, Silber, Reseda, Tannengrün

Material: Mobilefolie 0,4mm, Perlmuttflimmer
Hologrammsterne Silber, -Flitter Pastell-Rot
2 Strassperlen, Holzstab ø 10mm
2 Styroporkugeln ø 4cm, schwarze Pfeifenputzer
Aludraht 3mm x 1m, schwarzer Bast, Spinnennetz
Bastelfarbe in Orange, Schwarz, Plusterfarbe in
Schwarz, Weiß, Fledermausglöckchen

Motivgröße: 31x35cm (nur Window-Color Bild)

Man nennt mich Milla, die Spinnenfrau
Meine Augen sind grün, die Haare blau.
Die Spinne ist mein Lieblingstier
Und eines, hey, das sag ich Dir.
Ich spinne ein Netz, gar fürchterlich
Und wirst Du frech, dann fang ich Dich!

Dieses versponnene Mobile eignet sich auch gut z.B. als Türwächter. Milla erhält „echte" Ohrringe aus 2 Strasssteinen. An den Enden des ca. 40cm langen Stabes (Holzstab orange bemalen od. farbigen Bambusstab) kleben Sie die gebastelten Spinnen. Aus bemalten Styroporkugeln die Körper fertigen, mit Pfeifenputzer die Beine biegen und einstecken. Das Netz auseinanderziehen und an verschiedenen Stellen etwas ankleben. Den Aufhänger nach Vorlage aus Aludraht biegen.

Hixie Hex & Kittie Kat

Kontur: Schwarz

Farben: Haut, Rosé, Orange, Schwarz, Weiß, Rot
Dunkelpink (Fuchsia), Lila, Gelb, Reseda
Silber, Türkis, Ultramarin, Glitzergold

Material: Haftfolie, Hologramm-Flitter Blau- u. Rot- Pastell
Hologrammsterne Gold

Motivgröße: 35x20 cm

Hixie Hex & Kittie Kat
Werden des Lebens niemals satt.
Sie tollen herum, träumen im Gras
Gemeinsam haben sie ne Menge Spaß.
Für immer werden sie zusammen sein
Das Hexlein groß und Kätzchen klein!

Hexenbesenkammer

Kontur: Schwarz, Weiß

Farben: Bernstein, Mittelbraun, Gelb, Schwarz, Grau, Reseda Blattgrün, Orange, Rot, Silber, Terracotta, Oliv Glitzergold, Weiß

Material: Haftfolie, Perlmuttflimmer Hologramm-Flitter Gelb-Pastell u. Gold -Sterne Gold

Motivgröße: 35x23 cm

Oh Schreck, oh Jammer
Schaut Euch um in dieser Kammer.
Alter Hut, verstaubter Besen
Als wär noch nie ein Hexlein hiergewesen.
Unordnung macht sich die Hexe zur Pflicht
Aufräumen? Nein, das mag sie nicht!

14

Kauzenhalter

Kontur: Schwarz, Weiß

Farben: Weiß, Gelb, Reseda, Mittelbraun, Bernstein, Rubinrot Haut, Schwarz, Glitzergold, Violett

Material: Haftfolie, Hologramm-Flitter Gold, - Rot-Pastell Perlmuttflimmer

Motivgröße: 32x18 cm

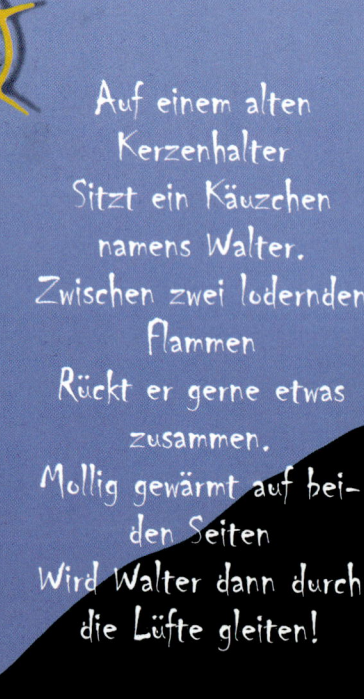

Auf einem alten
Kerzenhalter
Sitzt ein Käuzchen
namens Walter.
Zwischen zwei lodernden
Flammen
Rückt er gerne etwas
zusammen.
Mollig gewärmt auf bei-
den Seiten
Wird Walter dann durch
die Lüfte gleiten!

Hexenhimmelbett

Kontur: Schwarz, Weiß

Farben: Haut, Pink, Royalblau, Schwarz, Mittelbraun, Glittergold Weiß, Lila, Gelb, Reseda, Rot, Grau

Material: Hologrammsternchen Gold, -flitter Rot-Pastell

Motivgröße: 29x32 cm

Still liegt es da, zuckersüß und einfach brav
Auch ein Hexlein braucht mal seinen Schlaf.
Es träumt von schnellen Hexenbesen
Und von coolen Zauberwesen.
Doch ist es erst mal aufgewacht
Dann wird gehext das es nur so kracht!

Monsterspinne!

Ein Hexlein in den Keller geht
Durch die Gänge ein kühles Windlein weht.
Plötzlich erschrickt es, schreit kräftig „Iiiiiii"!
Was es sieht, ihr glaubt es nie.
Eine Spinne ist´s, so groß wie ein Haus!
Fluchtartig reist das Hexlein aus.

Kontur:	Schwarz, Weiß Flitter-Silber
Farben:	Rot, Lila, Orange, Gelb Haut, Rosé, Weiß Schwarz, Ocean Karibik (Türkis) Ultramarin, Silber Bernstein, Nougat Siena, Grau
Material:	Haftfolie, Hologramm-Flitter Gold
Motivgröße:	28x42 cm

Hexenbeschwörung

Kontur: Schwarz

Farben: Haut, Pariser- u. Ultramarinblau, Gelb, Lila, Grün
Schwarz, Weiß, Grau

Material: Mobilefolie 0,4 mm, Hologramm-Flitter Pastell-Grün
2 Bögen lila Wellpappe, Aludraht 3mm
3x35 cm (3 Füße), 3x60 cm (3 Pentagramme)
4 grüne Glassteine

Motivgröße: 25x20 cm (nur Window-Color Bild)

Oh, Mächte des fünfgezackten Stern
Halte alles Übel von uns fern.
Bring uns Friede für alle Zeit
Nur für das Gute sind wir bereit.
Lass uns alle in Freundschaft leben
Uns für immer die Hände geben!

Das Pentagramm symbolisiert „Schutz", wohlgemerkt mit der Spitze nach oben!

Wie Sie es biegen entnehmen Sie dem Vorlagebogen. Dort wird auch die Laterne leichtgängig beschrieben. Die flachen Glassteinchen kleben Sie mit Heißleim auf. Für den Laternenboden schneiden Sie aus Wellpappe 2 gleichschenklige (je 60°) Dreiecke aus und befestigen diese 1x von innen, 1x von außen an den Klebeflächen. Dabei sollten die Strukturen in verschiedene Richtungen laufen, damit sich der Boden nicht wellt.

Reiß Dich zusammen, hab nur Mut
Das ist doch nur ein alter Hut.
Jetzt heb ihn schon hoch und schau darunter
Ein maunzender Hut ist kein Wunder.
Siehst Du nicht die kleine Tatze?
Die gehört zur frechen Katze!

Der maunzende Hut

Kontur:	Schwarz, Weiß
Farben:	Reseda, Tannengrün Silber, Lila, Rot, Gelb Grau, Frost, Weiß Rosé, Orange
Material:	Hologramm-Flitter Silber u. Pastell-grün Perlmuttflimmer
Motivgröße:	28x30 cm

Ich werde den Besen schon schaukeln!

Kontur: Schwarz

Farben: Haut, Rosé, Reseda, Ocean, Türkisblau, Orange, Siena
Weiß, Gelb, Hell- u. Dunkelpink, Lila, Arktis, Bernstein
Hellbraun, Nougat, Glitzergold

Material: Haftfolie, Perlmuttflimmer
Hologramm-Flitter Blau- u. Rot- Pastell

Motivgröße: 39x31 cm

Jedes kleine Hexenwesen
Lernt das Fliegen mit dem Besen.
Aller Anfang ist bekanntlich schwer
Deshalb muss ein Schaukelbesen her.
Später dann, so soll es sein
Macht es dann den Besenfliegeschein!

Sophie Sternchen & Kimmy Kräuselkopf

Kimmy

Kontur: Schwarz

Farben: Gelb, Orange, Rot, Bernstein, Haut, Dunkelpink, Lila, Weiß, Silber, Schwarz, Siena, Hellbraun, Reseda, Rosé

Material: Haftfolie, Perlmuttflimmer, Hologramm-Flitter Silber, -Grün- Pastell

Motivgröße: 24x27 cm

Aus einem rosa Hexenhaus
Da fliegt ein kleines Hexlein raus.
Kimmy heißt der Kräuselkopf
Fiel als Kind in den Hexentopf!
Sophie Sternchen schaut verdutzt
Als Haarwuchsmittel hat`s wohl gut genutzt!

Wahrsagerin

Kontur: Schwarz, Glitter-Silber, Weiß

Farben: Haut, Weiß, Rot, Schwarz, Rosé, Karibik, Reseda Azurblau, Gold, Glitzergold, Arktis, Frost

Material: Haftfolie, Hologramm-Flitter Rot-Pastell Perlmuttflimmer

Motivgröße: 27x25 cm

Hokus Pokus Kugelblitz
Was ich hier sehe ist kein Witz.
Ob Zukunft oder Vergangenheit
Ich schau für Dich in jede Zeit.
Doch denk daran, schau mir ins Gesicht
Manches ist besser man weiß es nicht!

Hexenmond

Kontur: Schwarz, Weiß

Farben: Gelb, Orange, Pariserblau, Weiß, Holunder

Material: Mobilefolie 0,4mm, Hologramm-Flitter Silber
Wellpappe Gelb, Lichterkette

Motivgröße: 21x16 cm

> Die Sonne geht unter, es wird Nacht
> In der Ferne jemand schallend lacht.
> Fledermäuse steigen empor
> Kreischend erklingt ihr schauriger Chor.
> Heute Nacht wird keiner verschont
> Denn heute Nacht ist Hexenmond!

Tja, ganz sooo schaurig sieht er aber nicht aus, unser Hexenmond. Vielmehr grinst er uns freundlich zu als ob er uns ein Schlaflied singen wollte. Um die Lichter der Kette hinter den Mond zu bringen müssen erst kleine Kästchen gebastelt werden. Diese sind auf dem Vorlagebogen beschrieben! Oben werden die Lichter dann einfach eingesteckt. Achten Sie bitte darauf, dass die Birnchen nicht direkt an der Folie oder der Wellpappe anliegen, damit da mal nix anbrennt!

Wie viele Monde Sie basteln wollen überlassen wir mal „ausnahmsweise" Ihnen! ;-)

und noch mehr Gruseliges ...

Grrrusel
Grausig witzige Halloween-
Deko für die perfekte
Gruselparty
ISBN 3-935467-04-4
Best.Nr. 67044   DIN A4

Booh!
Ein Streifzug durch die Welt
von Halloween mit
Window-Color
ISBN 3-930529-79-3
Best.Nr. 29793

Laubanger 19b 96052 Bamberg   **Vielseidig Verlag** GmbH   Tel. 0951/ 6 89 97
Fax. 0951/ 60 32 99